Evincepub
Publishing

Evincepub Publishing

Nehru Nagar, Bilaspur, Chhattisgarh 495001
First Published by Evincepub Publishing 2021

ISBN: 978-93-90586-59-2

फूलों से लहू टपकता कैसे देखूँ

(काव्य संग्रह)

ओमप्रकाश कृत्यांश

समर्पण

मेरी यह पुस्तक- इन अजीज-

मकबूल अदबी हस्तियों को:

फिल्म पटकथा लेखक, गीतकार, शायर-

गुलजार सर, जावेद अख्तर साहब, जयप्रकाश चौकसे,राजकुमार केसवानी जी(फिल्म-लेखक, समीक्षक) एवं युवा शायर, फिल्म-लेखक जनाब इरशाद कामिल, प्रसून जोशी तथा नायब लेखन के युवा हस्ताक्षर, भाई पियूष मिश्रा को।

बिहार सरकार

मंत्रिमंडल सचिवालय (राज्य भाषा) विभाग के
अन्शानुद्धान से प्रकाशित।

आभार

इम्तियाज अहमद करीमी साहब

निदेशक

मंत्रिमंडल सचिवालय (राज्य भाषा) विभाग,

पटना (बिहार) जिनके मातहत मेरी पाण्डुलिपि का सफल चयन हुआ फिर अन्शानुदान प्राप्त होने की स्थिति आई।

साहित्यकार मित्र मुसाफिर बैठा जी जिनकी ईमानदार कोशिश से अन्शानुदान का चैक मुझे सहजता से प्राप्त हो सका और तब इस पुस्तक का प्रकाशन संभव हुआ।

एवं बहुत बहुत आभार उनको भी जो इस पुस्तक में शामिल मेरी लम्बी कविता के प्रेरणा-स्त्रोत और सन्दर्भ स्त्रोत के रूप में सहायक बने।

- रिपब्लिक भारत (टी.वी. चैनल)
- अर्णव गोस्वामी (टी.वी. पत्रकार)
- ममता पैन्यूली काले (टी.वी. पत्रकार)
- अभिनेता– शेखर सुमन जी
- अभिनेत्री– कंगना रनौत जी
- अभिनेत्री– अंकिता लोखंडे जी
- पायल रोहतगी जी
- श्वेता कीर्ति सिंह राजपूत
- अभिनेता– मुकेश खन्ना जी
- शत्रुघ्न सिन्हा (अभिनेता)

याद्गली

- याद आते हैं मेरे प्रिय मित्र, शायर खुर्शीद 'तलब' बहुचर्चित कथाकार, जेब अख्तर, डॉ अरुण कुमार जिनके साथ सैकड़ों अदबी बैठकें की।

- जिनके मंच-संचालन का कायल रहा हूँ– पत्रकार व साहित्यकार फैयाज आलम 'मुन्ना'।

- मेरे प्रिय कवि मित्र अरुण शीतांश जिन्होंने मेरे आरा आगमन पर अपने मित्रों– श्रेयांश जी, जगतानंद सहाय जी के साथ पूरी गर्मजोशी से मेरा इस्तकबाल किया।

- नेता व सामाजिक कार्यकर्ता भाई बिनोद महतो जी, जिन्होंने कोयलांचल के असामाजिक तत्वों के खिलाफ अपनी आवाज बुलंद की तथा साहित्यकारों को यथायोग्य तरजीह देने का काम किया।

- नाट्यकर्मी, अभिनेता, कवि मित्र अधैन्दु चक्रवर्ती जी, जो हमारे खास राजदार व मददगार रहे।

- हौसला आफजाई करने वाले प्रिय मित्र भानू जो अब हमारे बीच नहीं रहे, हर आयोजनों और मौके पर याद आते हैं। गम में भी मुस्कुराने वाले दोस्त के. आर. नायडू।

- लताश्री (कहानीकार/कवि) जिनसे संपर्क सही समय पर न हो सका अथक प्रयास के बाद भी, वरना उनके द्वारा लिखित भूमिका इस पुस्तक की गरिमा बढ़ा रही होती।

- संजीदा रहने वाले मतीन शायर मित्र– उमैर अहमद जामी जिन्हें अपने उमदा फन का कोई गुरुर नहीं– याद आते हैं अक्सर।

<u>प्रकाशकीय भूमिका</u>

प्रस्तुत काव्य-पुस्तक का नये सज-धज के साथ आने और काव्य-गुणवत्ता से परिपूर्ण होने का सबब महज इतना ही है कि कवि कृत्यांश ने इस पुस्तक को एकदम नायाब तरीके से पेश किया है तभी तो पुस्तकमें इनकी बेपनाह मेहनत और लगन साफ नुमाया होती है। कविताएँ अनुभवों की चासनी में पगी होने के कारण पाठकों को अपने ही एहसासों से लबरेज महसूस होती हैं। इनकी कविताओं में विभिन्न रंग और तेवर नजर आते हैं। बस यही नहीं, इनकी कविताएँ आत्मकेन्द्रित नहीं बल्कि वैश्विक विचारों से भी लबा-लब भरी हैं।

पुस्तक की कविताएँ आमफहम भाषा में लिखी गई हैं, कवि, शब्दाडंबर से बचते हैं और सरल-सहज भाषा को अपनाकर अपनी बात सीधी तरह कहते हैं।

यहाँ यह भी कहना लाजिम है कि कवि का शिल्प एकदम आसान है। बात को घुमा-फिराकर नहीं कहते

मेरी लिखी बात को

हर कोई समझ नहीं पता क्योंकि

मैं एहसास लिखता हूँ और

लोग अल्फाज पढ़ते हैं।

कहा जाय तो बस यह कि– कवि कृत्यांश की यह पुस्तक– लजीज व्यंजनों से भरी एक खुबसूरत थाली सी है जिसकी मोह और लालच से किसी का बच पाना मुमकिन नहीं लगता।

यह काव्य–पुस्तक, कालजयी पुस्तक का दर्जा प्राप्त करने का माद्दा रखती है। यह कहा जा सकता है कि पुस्तक स्वागत योग्य है और संग्रहनीय भी। कवि को बधाई व शुभ कामनाएँ। इतनी अनोखी सृजनशीलता को पेश करने के लिए कवि को साधुवाद।

प्रकाशक

Evincepub Publication

<u>दो शब्द</u>

इसे सौभाग्य कहें या दुर्भाग्य, मेरा जन्म बिहार राज्य के एक ऐसे पिछड़े गांव- लक्ष्मणपुर बाथे में हुआ जहाँ न बिजली थी, ना ही सड़क मार्ग। हाँ, लेकिन गाँव में सोन नदी, नहर तथा हरे-भरे खेतों की प्राकृतिक सम्पदा जरुर थी।

मेरा बचपन गाँव में ही खर्च हुआ, चाचा-चाची की निगहबानी में। गाँव का वातावरण पढने का कम ही था।

तब भी मैंने गाँव के ही प्राइमरी स्कूल से पढ़कर कामता हाई स्कूल में दाखिला लिया था।

दालान पर जब रात में लालटेन की जर्द रौशनी में पढ़ने बैठता-लालटेन थोड़ी तेज करके तो घर से चाची दौड़ी आती और लालटेन बुझा देती- 'इतना तेल जलेगा तो घर नहीं चलेगा, पढना है तो दिन में ही पढ़ो वरना मत पढ़ो, नवाब नहीं बन जाओगे पढ़ कर।'

स्कूल की फीस भी मुहाल थी जो एकदम मामूली थी। वहां रहते मुझसे खेती किसानी के काम ज्यादा करवाये जाते। मुझे गाय चराना, चारा काटना, बनिहारों के साथ काम करवाना अनिवार्य रूप से करना पड़ता।

तब भी मैं मौका निकाल कर सोन नदी में या नहर में आँखें सुर्ख होने तक कूद-कूद कर नहाता। नदी में नाव चलाया, पाल उड़ाया, पोखर में उतर कर मछली पकड़ी और गाँव की गलियों में गुल्ली डंडे पर भी हाथ आजमाया।

मनोरंजन प्रेमी होने के कारण मैं बारात में होने वाले लौंडा का नाच एवं बाईजी का नाच जरुर देखता। सुबह उठने में देर होती तो मलामतें होती। दंड स्वरुप कठिन काम करवाए जाते।

कभी मेला देखने का अवसर आता तो मुझे अधिकतम 25-50 पैसे दिए जाते। मेला जाकर रंग-बिरंगे खिलौने, गुब्बारे देखता कभी मन करता बांसूरी खरीद लूँ कभी लगता दोनों ही खरीद लूँ बांसूरी और डमरू पर जेब टटोलता तो चेहरा फक पड़ जाता, मेरा खिलता चेहरा मुरझा जाता। इस प्रकार अभाव की जिंदगी कटी गाँव में।

कुछ दिन बाद मैं गाँव से शहर यानी कोयलांचल बेरमो (बोकारो) आ गया, अपने माँ-पिता के पास। यहाँ मिला पहला दोस्त समीद मियां जिसके साथ मैंने खूब सिनेमा देखा। कभी कोलयरी के कॉलोनी-रिजनल, वासरी, दिदिमुनी स्कूल आदि में फ्री सिनेमा खुले पर्दे पर होता तो पहुँच जाता वहां भी। वैसे फुसरो के मेघदूत सिनेमा हॉल में हर हफ्ते तो देखना ही होता था सिनेमा। क्षेत्र में पूजा-त्योहारों के अवसर पर ऑर्केस्ट्रा, कव्वाली आदि का प्रोग्राम होता तो पहुँच जाता देखने पिताजी की सख्ती के बावजूद।

एक दोस्त मेरा ऐसा था जो नॉवेल का शौकीन था। उससे लेकर ही मैंने राजवंश, रानू, गुलशन नंदा, प्रेम बाजपेयी, इब्ने सफ़ी आदि के नॉवेल खूब पढ़ें। अलावे इसके मैं स्थानीय वीणा पुस्तक भण्डार, फुसरो से खरीद कर- सरिता, नूतन कहानियाँ, मुक्ता, हंस व सारिका भी पढ़ लिया करता। एक तरह से पुस्तकों को पढने का नशा सवार था मुझ पर। बिना नॉवेल पढ़े मैं सोता नहीं था। उन्हीं दिनों मैं आजाद नज्म लिखता और छपता भी था। सौभाग्य से मेरे पिताजी की आलमारी, रामायण, गीता, शिवपुराण आदि पुस्तकों तथा गोरखपुर

से निकलने वाली पत्रिकाओं से भरी होती जिसका फायदा मैंने खूब उठाया।

उस समय मैं कॉलेज का विद्यार्थी हुआ करता था। कॉलेज लाइब्रेरी की पुस्तकें भी खूब पढता घर ला कर।

माँ की अचानक बीमारी केकारण घर की हालत खराब रहने लगी। लिहाजा मेरी पढाई इंटर के बाद ही छूट गई।

अलबत्ता मेरे खास अभिभावकों को क्या सूझा कि मेरी शादी करवा दी उन्हीं दिनों। अब मैं कम उम्र का शादी-शुदा बेरोजगार बन गया था।

मेरा एक दोस्त सुधीर गुप्ता और मेरी प्लानिंग बनी मुंबई (बॉम्बे) जाकर जॉब करने की। सुधीर नियत जगह और वक्त पर नहीं पहुँचा फिर भी मैं बॉम्बे जा पहुँचा लेकिन नामुराद होकर लौटा। आज वही सुधीर गुप्ता अब एम्स दिल्ली में डॉक्टर सुधीर कुमार गुप्ता है और मैं अपनी निजी क्लिनिक का डॉक्टर ओ.पी. शर्मा।

गुलजार सर ने ठीक ही कहा है-

"ऐसा लगता है जैसे हर इम्तेहान के लिए

किसी ने जिंदगी को हमारा

पता दे दिया है।"

शादी के बाद मुझे कई तरह की जिम्मेवारियों का एहसास हुआ। ट्युशन तो करता था पर यह काफी नहीं था। अब जरुरी लगा तो मैंने दिल्ली को प्रस्थान कर गया। गाँव वाले लोग, पालम कॉलोनी, बसई दारापुर, मधुबिहार, सीतापुरी आदि जगहों पर रह कर काम करते थे।

मैंने लोहामंडी, मायापुरी इंडस्ट्रियल एरिया के कारखानों में कुछ दिन हेल्पर का काम किया पर जम नहीं पाया। रहना गाँव वाले के साथ था उन दिनों डी.डी.ए. फ्लैट, दिल्ली में ही रहते थे मशहूर फिल्म सिनेमेटोग्राफर व फिल्म डायरेक्टर टी.काशीनाथ जो फोटोग्राफी का क्लास चलाते थे अपने नीजी स्कूल में सो मैंने फोटोग्राफी में ही कैरियर बनाने की गरज से उनसे मिलने पहुँचा पर दुर्भाग्य से शेशन लेट होने के कारण प्रवेश संभव न हुआ। छोटे चाचा खर्चा देने को तैयार थे, पढाई का।

मैंने दिल्ली के चप्पे-चप्पे की खाक छानी पर माकूल जॉब हासिल न हुआ तो फिर लौटा अपने घर और ट्युशन शुरू किया, ट्यूशन मास्टर के रूप में।

उसी दौर में मिले समाजसेवी व नेता बिनोद महतो जी और अर्द्धेंदु चक्रवर्ती जी। उस वक्त पूरा बेरमों कोयलांचल सामंतो, कोयला माफियाओं एवं सूदखोरों से तबाह था। खासतौर पर दलितों का शोषण जोरों पर था। उस वक्त, दलितों को एक दबंग युवा नेता की आवश्यकता थी जो सामंतों के मुकाबिल खड़ा हो सके और हुआ कि बिनोद महतो ने उन शोषकों का डटकर मुकाबला किया। इस तरह दलितों को राहत दिलाने में मित्र बिनोद महतो कामयाब रहे। दूसरी लड़ाई हम लोगों ने क्षेत्र में अंधविश्वास और अशिक्षा के विरुद्ध शुरू की। नाट्यकर्मी अर्द्धेंदु जी, मैं और बिनोद महतो आदि ने 'अम्बेडकर कल्याण संघ' के बैनर तले साक्षरता अभियान चलाया। हमने दलितों, मजदूरों के बच्चों को जागरूक करने के निमित कई गीत भी लिखे और नाट्यमंचन भी किए रंगकर्मी चक्रवर्ती साहब के मातहत।

इस प्रकार मुझे जमीन से जुड़कर काम करने और साहित्य सृजन का अवसर मिला।

उसी दौर के एक मित्र- डॉ. श्याम कुंवर भारती जी ने 'कहानीका' नामक पत्रिका के लिए प्रस्ताव रखा पर किसी कारण वे पीछे हट गए। इसके निमित मैं कई प्रतिष्ठित लेखकों से संपर्क कर चूका था रचनात्मक सहयोग हेतु।

कुछ लोगों ने रचनाएँ भिजवा भी दी थी।

मैं बड़ी ही अजीब हालत में था। कशमकश की स्थिती थी- आखिरकार उस दौरे के माननीय विधायक राजेन्द्र प्र. सिंह जी प्रसिद्ध व्यापारी व नेता कृष्ण मुरारी पाण्डेय, जुगनू कंपनी (फुसरो) के श्री सुदर्शन तिवारी जी व मित्र ललन सिंह जी ने विज्ञापन के मार्फत हमें सहयोग का बचन दिया। और साहित्य प्रेमी, आर.पी. शुक्ला साहब, व श्याम बशिष्ठ जी भी सहयोग करने में आगे आए।

रचनात्मक व प्रबंधकीय सहयोग के लिए आगे आए- हाजारीबाग के कथाकार श्री रतन वर्मा जी, स्थानीय मकबूल शायर जनाब खुर्शींद तलब, डॉ. नंदिता शर्मा आदि।

मैंने संपादक की जिम्मेवारी सम्हाली। महमूद राही साहब ने भी अपनी सहभागिता निभाई थी पत्रिका अवांतर निकालने में।

मैं उन दिनों स्वयं ही अध्ययन से इल्मे-उरूज को मुकम्मिल करने में लगा था। गज़ल लिखने की तीव्र इच्छा थी, सो मैंने अश्फाक मौलाना जी, शहाबुद्दीन हाफिज़, जहूर चाचा एवं जमील भाई से उर्दू अल्फाज के तलफ्फुज सीखे और उसके मायने भी, पर लिखना नहीं सीख पाया।

मई 1994 का वह काल था। मुझे 'पहल' के संपादक श्री ज्ञानरंजन जी का निमंत्रण पत्र मिला 'आप संपादक की हैसियत से जमशेदपुर में होने जा रहे फलां तारीख को 'लघु पत्रिका समन्वय समिति के भव्य सम्मलेन

में शरीक होने का कष्ट करें। साथ ही आपको बेरमो (बोकारो) से समिति का प्रतिनिधि चुना गया है।

मैंने उक्त सम्मलेन में अपनी हाजिरी दी। उस सम्मलेन की खसूसियत यह थी कि उस में जा कर मैं उन अदबी हस्तियों से मिल सका जिनसे मिलना सबके वश की बात नहीं थी। उसमें साहित्यकारों में प्रमुख थे- भीष्म साहनी, रमेश उपाध्याय, महावीर अग्रवाल, वीर भारत तलवार, मूलचंद गौतम, मदन कश्यप, प्रेमचंद गाँधी, जयनंदन, रमणिका गुप्ता, नचिकेता, सी. भास्कर राव, शंकर आदि सैकड़ों नामदार अदबी लोग। रपट आया था 'दस्तक' में, सफ़ी अंसारी जी के मार्फत।

तो इस तरह कहें तो मेरी तरफ से इब्तिदा हुई साहित्य को समर्पण भाव से आत्मसात करने की और उसके प्रति गहरी प्रतिबद्धता की।

इस वक्त याद आ रहे हैं मंच के बहुचर्चित कवि कुमार विश्वास जी। दरअसल उनकी कुछ काव्य पंक्तियाँ बड़ी दिलकश और मौजू हैं जिनका उल्लेख मैं करना चाहूँगा अपनी बात को सहजता से कहने के लिए:

" अपनों के अवरोध मिले

हर वक्त रवानी वही रही

सांसों में तूफानों की

रफ्तार पुरानी वही रही

लाख सिखाया दुनिया ने

हमकों भी कारोबार मगर

धोखे खाते रहे और

मन की नादानी वही रही (कुमार विश्वास)

काफी जद्दो जहद भरी जिंदगी है मेरी

कदम–कदम पर मिली रात अँधेरी"

बहुत मुश्किल से मैं अपना यह संकलन आप प्रिय पाठकों तक पहुँच पाया हूँ। रूपम दास के शब्दों में–

"तरक्की की फसल हम भी काट लेते

थोड़े से तलवे अगर हम भी चाट लेते"

बेशक मैं ईमानदारी और मेहनत पर यकीन करता हूँ और इस पुस्तक में भी मैंने पाठकों को हर तरह से मुतमइन करने की पूरी कोशिश की है।

देखें मैं अपनी इमानदार कोशिश के बूते अपनी इस साहित्यिक सृजनशीलता को किस हद तक ऊँचा उठा पाया हूँ अब देखना है कि पाठकवृन्द और साहित्य प्रेमी हमे किस तरह अपनाते हैं और प्यार देते हैं। इल्तिजा हूँ–

यदि पाठक हमें, हमारी त्रुटियों से अवगत कराएँगे तो ख़ुशी होगी ताकि अगली दफा अपने को सुधार संकू।

मेरा हार्दिक अभिनन्दन आप सभी को

ओमप्रकाश कृत्यांश

ढोरी स्टाफ क्वार्टर MQ–114

पो. ढोरी– पिन– 825102

mo. 7979803074

अनुक्रम

दूर हूँ अपने वतन से मैं

दूर हूँ अपने वतन से मैं

दूर हूँ तुमसे भी

तब भी तेरी नफरत की आग

क्यों दग्ध करना चाहती है मुझे?

तेरी नासमझी, तेरा वहशियानापन

और धर्मानिधता की जलती आँखें

दोजख की जलती आग में

खाक होते देखना चाहती है मुझे

मैं जानती हूँ...

तेरा दिल सुकून से भर रहा है...

मेरे स्तन में ट्यूमर का होना सुनकर

तुम्हें यकीन है कि मैं पापिन

कैंसर के जहरीले कीड़ों से

युद्ध करते-करते सड़-गलकर

मर जाऊँगी एक दिन...

अल्लाह की बद्दुआओं की मार से,

अफसोस...

तुम समझ के गलत टीले पर खड़े हो

और समझ के दरीचे तुम खुलने ही नहीं देते

मजहबी धुंध में तुम मेरी कारस्तानियों की

सही तस्वीर नहीं देख पा रहे

तुम समझ नही पा रहे कि मैं इस दुनिया

के मालिक का तरफदार हूँ, दुश्मन नहीं

पर तेरी तरह मजहबपरस्त भी नहीं हूँ

मैं जानती हूँ तेरी बद्दुआओं का नतीजा नहीं हैं

मेरा ट्यूमर, नाहीं अल्लाह की नाराजगी का

असर है यह

क्योंकि ट्यूमर तो उन्हें भी होता है

जिस पर मालिक की कृपा बरसती है

और जो मुकम्मल मजहबी होते हैं,

वे भी

मरते हैं मर्ज की तपिश में जलकर

मेरे मुल्क के बेसमझ भाइयों एवं बहनों

मैं प्रार्थना करती हूँ कि

अपनी समझ को अब भी मांज लो

धोलो-साफ कर लो अपनी जहनी काई को

वरना अखरेगा तुम्हें भी और मुझे भी

जब एक दिन मुल्क (बांगला देश) को

दुनिया का सबसे जाहिल देश

घोषित किया जायेगा।

(यह कविता हंस पत्रिका में प्रकाशित तस्लीमा नसरीन का लेख
'दुनिया का सबसे असभ्य देश' से प्रेरित है।)

———

एक कोलकटर की दास्तान

कोलकटर कंगालु मुंडा

बुढ़ापे की दहलीज से दूर था अभी

और अभी भी फौलादी ताकत बरकरार थी

उसकी बाजुओं में

वह आज भी तोड़ सकता है कोयले की

सख्त परतों को गैंते से,

झोड़ी भरकर उठा सकता है अकेले

अपने माथे पर, उसी मशीनी फुर्ती के साथ

लेकिन हो गया था वह तो एक दिन

कोलियरी के दलालों का शिकार/दरअसल

मुंह का नेवाला छीन लेने वाले

नटवरलालों की पहचान नहीं थी उसे

शायद इसीलिए, राजदेव की

शहदीली बातें, इंग्लिश दारू और फ्राई मुर्गे का

जायका उस पर कर गया था जादुई असर

धीरे-धीरे राजदेव ने लगाकर

अपना नटवरलाली-दिमाग

करा दिया था उसे अनफिट

और राजदेव अपने बेटे को बनाकर

कंगालु का बेटा,

करा दिया था नौकरीशुदा

राजदेव का बेटा,

दुनिया की नजर में,

भलेही राजदेव का बेटा था-'प्रमोद सिंह'

पर सर्विस में तो वह 'प्रमोद मुंडा' ही था

तो कंगालु आज सचमुच

कंगाल हो चूका है- गंवाकर अपनी नौकरी

आज वह अपनी बीवी, नगिया के साथ

हाथ फैलाकर मांग लाता है

देवराज के बेटे से कुछ रुपये,

भरने के लिए पेट

पर प्रमोद सिंह उर्फ प्रमोद मुंडा, बतौर भीख

कंगालु को सहज ही नहीं दे देता कुछ रुपये,

साथ में वह 'साला-मादर' का तीखा सालन

भी देता है

बेशक, कंगालु के दिमाग में बची है तलछट की तरह

कुछ उम्मीदें, शायद इसलिए

एक खास दफ्तर का चक्कर वह रोज लगाता है

दरअसल उसे सी.बी.आई. की जाँच-टीम पर भरोसा

है अब भी-आज भी

उसे उम्मीद है,

कि एक दिन उसका फर्जी बेटा– 'प्रमोद मुंडा'

शिनाख्त कर लिया जायेगा

और बुला लेगी सरकार एक दिन,

नौकरी पर उसे।

———

माँ अहिवात ही मरी थी

माँ, जब मरी थी अहिवात ही मरी थी

घर पर पिताजी नहीं थे

वे कुछ जरुरी सामानों के लिए

घर से गए थे कहीं दूर

माँ जब मरी थी उसके हाथ का 'गोदना'

तब भी था स्याह रंग में चमकता हुआ

हिंदी के काले-काले हर्फों में

लिखा था पिताजी का नाम- 'श्री सीताराम'

जब माँ जिंदा थी मैंने पूछा था गोदने का रहस्य

माँ ने बतलाया था कि बेटे

तेरे पिता का यह नाम जो मेरे हाथ में उगा है

यह एहसास कराता रहता है कि

वह हमारे साथ ही हैं मरते दम तक

अलग नहीं होंगे हमसे और...
जब मैं मरुंगी, 'अहिवात' ही मरुंगी

यह अजीब संयोग था कि बीमार माँ ने जब अंतिम साँस ली

और जरा पहले पुकारा था पिताजी का नाम पिताजी नहीं थे

शायद देखना चाहती थी वह आखिरी बार उन्हें

लेकिन बाहर से पिताजी जब लौटे थे

माँ जा चुकी थी हमसे बहुत दूर

हां, पिताजी को माँ की मौत खबर

ठीक-ठीक तब समझ में आई थी

जब उनका नशा फूटा था और वह होश में आए थे

ढेर सारी 'खटाई' घोल कर पिलाने के बाद।

सर्द रातः तीन दृश्य

1.

चिथड़ों में लिपटी नन्हीं जानें

रह रहकर किं किंया रही हैं

और शीत की बर्छियाँ हैं कि

गिर रही हैं कलेजे में सूराख करती-सी

अब कौन जाने इस दुनिया में

यही रात हो इनकी आखिरी रात

2.

लिहाफ की गर्मी में समाई हुई देह

भर रही है खर्राटें

पछाड़ खा रही है दूर खडी सर्द रात!

3.

सुबह की सर्दीली हवाएँ शायद कुछ कह रहीं हैं–

सायं-सांय करती हुई ठंड से अकड़ी उस देह के

सन्दर्भ में जो बेजान-सी पड़ी है

धूपीली ऊष्मा के इंतज़ार में।

बहुत बुरा आदमी

इस सदी की सबसे बड़ी और भयावह समस्या

यह है कि हमें चुनना पड़ रहा है

बुरे लोगों में से कम बुरा आदमी

हम एक अच्छा आदमी नहीं ला सकते

बुरे आदमियों की भीड़ से करके अलग

आखिर अच्छे आदमी किस खोह में जा घुसे हैं...?

कहाँ गुम हो गए हैं वे...?

पहले तो हम चुन लिया करते थे

भले और बुरे लोगों में जा कर अपना भला आदमी

आज असंख्य बुरे लोगों में से

कम बुरा चुन रहे हैं हम

तब कितना भयावह होगा वक्त

जब बुरे और कम बुरे लोगों का

विकल्प ही नहीं बचेगा हमारे पास

और हमें चुनना होगा उन्हीं में से

कोई बहुत बुरा आदमी।

———

किसी देवता की तरह

प्राय: हर दिन

मैं घर के किसी कोने में

मारता रहता हूँ मक्खियां

मच्छरों के दंश सहने

और उनका बेसुरा राग

सुनने का आदि हो गया हूँ

नांद पर बंधे

बूढ़े बैल की तरह

जो भी मिलता है…

भूसा-चोकर

गले से उतार लेता हूँ

मेरी चीकट वाली कमीज गंधाती है

पर धोई नहीं जाती उसे…

किसी खास दिन के पहले

मैली धोती ही पहनता हूँ अक्सर

मैली गमछी ही ओढ़ता हूँ
लेकिन आज का दिन
पेंशन का दिन है
इसीलिए आज मिलेगी मुझे
कलफदार कमीज,
धुली-सफेद धोती
सिर्फ आज ही
मिलेगा मुझे
अरवा चावल का भात
राहड की दाल
और तरकारियाँ, मेरी पसंद की
आज ही, सिर्फ आज ही
घर में पूजा जाऊंगा मैं...
किसी देवता की तरह।

तैतीस कोटि देवताओं में से कोई एक

सुबह-सुबह खुलती नहीं थी किंचिआई आँखें

कुछ भी नहीं सूझने के कारण मेरे टटोलते हाथ

पहले पहल तकिये के नीचे पड़े कंचे, मेले में

खरीदी गई फोंफी को जब नहीं ढूंढ पाते तो निराश

होकर

पुकार उठता माँ को फिर तो पलंगड़ी के नीचे रखे

मलिया से लेकर कड़वा तेल छुड़ाने लगती मेरी

आपस में चिपकी पिपनियाँ

फिर बाद इसके कहती– जा बेटे टहल आ बाहर

भोर की फरफराती हवा में यानी 'बरहम मुहूरत' में

टहलना सेहत के लिए अच्छा होता है...

जब कभी गर्म तावे की तरह बुखार से बदन

तपने लगता वह ढूंढ लाती किसी भी घर से

बकरी का दूध और ज्वर उतरते तक देती रहती...

पट्टियाँ, कभी ललाट पर तो कभी पेट पर

इसी बीच वह जाकर देवता घर में बैठ जाती

और रोने के अंदाज में करती प्रार्थना

लगभग तैंतीस कोटि देवताओं को

खुशबूदार अगरबत्तियों के धुंए से

भर जाता घर

जब में आरोग्य-लाभ कर उठता

माँ का वात्सल्य तरल-बूंदों में होकर परिणत

चमक उठता था उसकी गालों पर

और उसके अधरों पर आ बैठती थी एक निर्मल मुस्कान

माँ का वही चेहरा जब जीवंत हो झांकता है उसकी

तस्वीरों से तो फिर यह तय नहीं कर पाता मैं कि

जो मैं देख रहा हूँ वह माँ ही है या तैंतीस कोटि

देवताओं में से

कोई एक।

उनके अपने ही लोग

चौंक गये जब

उनके कारनामों से

उनके अपने ही लोग

डर गये जब

उनके बदले मिजाज से

उनके अपने ही लोग

बदली हुई उनकी बोली से

बिदक गये जब उनसे

उनके अपने ही लोग

तब

उन्होंने

अपने चेहरे को

एक बार फिर बदला

और मुखातिब हुए ऐसे कि

चौंक गये उनसे

एक बार फिर

उनके अपने ही लोग।

———✦———

कत्ल

मैं बिना किसी फिक्र के

कर सकता हूँ कत्ल

आतंकियों, देश-द्रोहियों

या फिर

दंगाइयों की

रेत सकता हूँ गला

सियासत से चिपके भेडियों की

पर... किसी भी कीमत पर

मैं उस आदमजात को नहीं मार सकता

जो लौट रहा हो अभी-अभी

खेतों से बोकर बीज,

जो गर्म लोहे को पीट कर

हांफने बैठा हो अभी-अभी

मैं उसकी जान भी नहीं ले सकता

जिसे मंदिर जाने की कभी फुरसत नहीं मिली,

काम की वजह से

और उसे भी नहीं मार सकता

जिसने नमाज अदायगी का तरीका नहीं सीखा,

जीना सीखते रहने के कारण

चर्च और गुरुद्वारों में जाने के वक्त,

जिसने पसीने से लथपथ देह को सुखाया है,

और घर लौटा है

हर रोज भूख का जवाब लिए,

मैं उसकी कत्ल करने में सक्षम नहीं हूँ।

(यह कविता एक पुलिस ऑफिसर के व्यक्तय पर आधारित है।)

रामठहल की मूंछ

रामटहल चपरासी

बड़े साहब से

जब भी मुखातिब हुआ

सिर झुकाकर,

गिराकर अपनी मूंछ का ताव

बिखरा कर बाल

संभाल कर कंधे की गमछी

और पहना कर अपनी जुबान को

अदब की लगाम

लेकिन

कम्बख्त

गिराना भूल गया था, उस दिन

अपनी मूंछ का ताव

बस, इतनी सी बात

बात, बड़े साहब की जान पर बन आई

शान धुल में सन गई

उनको रामटहल का सीना

कोई भयावह चट्टान दिखने लगा

वह, उनसे ज्यादा कद्दावर लगने लगा

बस देखते ही देखते

साहब भी बन गए

ज्वालामुखी पहाड़

उगलने लगे आग

और तब

रामटहल के हाथ आपस में जुड़ गए

शायद उसे लगा

जरुरी नहीं मूंछ

रोटी से ज्यादा!

———

बेजुबान दीवारों से

अक्सर उनके कमजोर कंधो पर

आसन जमाए रहता है एकांत

अलबत्ता उनके द्वारा कोसे जाने

और गरियाए जाने के बावजूद

दरअसल उनका एकांत

किसी कटाह कुत्ते की तरह

पल-पल नोचता है उन्हें

शायद इसीलिए

एकांत, कभी-कभी अवसाद के

गहरे अँधेरे में

छोड़ आता है उन्हें बिलबिलाने के लिए

अक्सर बुजुर्ग, इसलिए करते हैं

अपने इष्ट से प्रार्थना

ताकि वे हो सकें एकांत की गिरफत से बाहर

आखिर बेजुबान दीवारों से

वे कितना बयान करेंगे अपना दुःख

आखिर कितना बतियाएँगे बुजुर्ग...

धूप, बारिश, हवा और

गूंगे आसमान में

तैरते चाँद-सितारों से।

———

लेकिन मैं उसे प्यार नहीं कर रहा...

मैं उसे प्यार करते हुए भी

इस लिजलिजे एहसास से भरता जा रहा हूँ

कि नहीं, मैं प्यार नहीं कर रहा उसे

मैं आलिंगन कर रहा हूँ उसे, और चूम रहा हूँ

उसके एक-एक अंगों को

तब भी, मैं उसे प्यार नहीं कर रहा

दरअसल...

उसकी रूह तक

पहुँचने की कोशिश में

मैं विफल हूँ बिल्कुल

अभी, इस वक्त

उसे आगोश में लेकर,

कार की छत पर बैठा,

फिरा रहा हूँ उंगलियाँ

उसके काले लहराते बालों में

बरस रही है चांदनी लगातार

लेकिन इस वक्त, उसके लिए

अपनी एक प्रेम- कविता गुनगुनाते हुए भी

उसे प्यार नहीं कर रहा

हो गया हूँ स्खलित अब,

उसके गहरे आलिंगन के बाद

भीग गई है वह भी- पोर-पोर

तब भी मैं इस बात इनकार करता करता हूँ कि...

'मैंने प्यार किया है उसे'

यह बात मुझे अब

सिद्दत से हो रही है एहसास कि

प्यार के भीतर भी होती है

कोई एक ऐसी जगह,

जिसमें प्यार नहीं होता।

———

आओ ऐसी जगह चलें

आओ

किसी ऐसी जगह चलें

जहाँ साए हों

दरख़्तों के

पर

किसी पराए की

परछाई तक नहीं

आजाद परिंदों का

बेहिसाब

कलरव तो हो

पर

किसी की

आवाज का

एक कतरा तक नहीं

जहाँ वादियों के सिवा

हम पर

किसी की नजर न हो

चलो वहाँ चलें

जहाँ स्पंदन

हृदय के संगीत हो जाएँ

सांसे सहलाएँ

लाज से हमारा

आरक्त चेहरा

आँखें निहारें अपलक

झलमलाते आंसुओं की कतारें

बाहें कसती जाएँ

आहिस्ता-आहिस्ता।

———

पिताजी खामोश रहते हैं

पिताजी खामोश रहते हैं अक्सर

अब कहकहे नहीं गूंजते कमरों में

नहीं चिपकतीं आकर उनके होंठों से

कभी मुस्कुराहटें

बडी मुश्किल से एक एक कर निकालते हैं

वे अपने शब्द

जैसे कोई मरीज करता हो बयान

अपनी कैफियत

पिताजी सोते नहीं

मगर जब भी सोते हैं/चौंक उठते हैं

उठ बैठते हैं यकायक

किसी खौफनाक सपने के साथ

अक्सर उनके सपनों में

होती हैं कोई लाश

या आग में राख होती औरत

पिताजी खामोश रहते हैं अक्सर।

संधि-पत्र

मैं शब्दों और भाषाओं को

करता हूँ प्यार

कुछ वैसे ही

जैसे हवा करती है प्यार

बागों के एक-एक फूलों को

और जैसे चूमती हैं सागर की लहरें

अपने साहिल के होठों को

बढ़कर आगे

हाँ मैं उन बूढ़े शब्दों को भी

'ओल्ड होम' में नहीं डालता

जिनकी जरुरत नहीं रही अब

मैं उन्हें भी चूमता हूँ पूरी आत्मीयता के साथ

और रखता हूँ अपने पास ही सम्हाल कर उन्हें

ताकि कभी आजाएं वे 'पथ्य' की पुरानी चीज

की तरह काम

दुनिया की सारी भाषाओं के लिए

कोई वर्जित क्षेत्र नहीं है

इसलिए अतिथि शब्दों को भी

मैं बाखुशी एहतराम ही करता हूँ

चूँकि मैं जानता हूँ शब्दों और भाषाओं की अहमियत

मैं जानता हूँ कि दुनिया के तमाम ग्रंथों की सत्ता

आज कायम है शब्दों और भाषाओं के बल ही

ये ही हैं कि जिन्दा हैं हमारी संस्कृतियाँ

ये ही हैं, कि जिन्दा हैं विधियाँ मनुष्य गढ़ने की

और ये ही हैं, जिनके सहारे

लिखे जाते हैं दुनिया में आज भी 'संधि-पत्र'।

(यह कविता, स्पेन की अम्पारो रोडिग्रो, जो हिन्दुस्तनी प्रचार सभा में
हिंदी सिखती हैं, के विचारों से प्रेरित है।

सन्दर्भ पत्रिका: हिन्दुस्तानी जबान, अप्रैल–जून 2015)

पाप, पुण्य और चप्पल चोर

मंदिर के पुजारी

पूरे मनोयोग से

मंदिर-परिसर में ही

करवा रहे थे कोई अनुष्ठान

धूप-गंध से हवा महकने लगी थी

उस मंदिर परिसर में होने लगा था एहसास

देवताओं के आगमन का

तभी मंदिर के मुख्य द्वार पर

हुआ था शोर...

'चप्पल-चोर-चप्पल-चोर...

पकड़ो... मारो...'

फिर तो शुरू हो चुकी थी धुनाई

उस ग्यारह वर्षीय लड़के की

अलबत्ता, उठकर आसन से

पुजारी जी ने भी मारा था उसे

कुछ ज्यादा ही बेरहमी के साथ

क्योंकि चप्पल उन्हीं की थी

जिसे चुरा रहा था चोर

पुजारी जी में ना तो कायिक संयम ही

शेष था, नाहीं वाचिक और मानसिक संयम...

और आगे का किस्सा यह कि...

वह लड़का

चप्पल-जूते चुराने नहीं

उन्हें, अपनी फटी गंजी से पोंछ-पोंछ कर चमकाने,

रखने व सरियाने आया था

और उसके एवज में मांगना चाहता था कुछ सिक्के

श्रद्धालुओं से पसार कर हाथ

अब जरा सोचिए कि पाप किसके साथ था और

पुण्य था किसके साथ?

पर इस बारे में तो सज्जनों

धर्म-मर्मज्ञों का उत्तर ही जरुरी लगता है।

———

फर्ज अदायगी

लाशों को

नजरों से

टटोलने के बाद

'अच्छा नहीं हुआ'

जैसे कई जोड़े वाक्य

जुबान की नोंक से

हवा में

उछाल दिए गए

उतार ली गई

चेहरे पर

थोड़ी-सी उदासी

निकाल दी गई

एक रैली

सदभावना के नाम

ऐसे अदा हुआ

इंसानियत का फर्ज।

———

छंदू मांझी की पेंशन-जर्नी

तुम किसी चिकनी, चमकदार सड़क पर नहीं चल रहे

छंदू

तुम्हारे पावों के नीचे है जंगली, पथरीली राह

जो तुम्हारे गंतव्य तक जाते-जाते लगभग 15 कि.मीटर की होगी

कोई साधन नहीं कि तुम अपनी लाचार माँ-बुधनी को

उस पर बिठा कर ले जाओगे राहत के साथ बैंक,

पेंशन दिलाने

कितना अँधेरा है नेतरहाट थाने के तुम्हारे इस

'माइल' गाँव में,

छंदू कितना अपाहिज है यहाँ का विकास-कार्य,

कि निरक्षर बच्चों के लिए एक पाठशाला तक नहीं

नहीं कोई इलाजघर है, दर्दकातर लोगों के लिए

आज मार खा गयी तुम्हारी देहाड़ी भी

क्योंकि तुम काम पर नहीं गये

माँ को ले जाना था आज ही शहर

तुम बनाओगे 'बहंगी'-बांस की

और बिठा कर कराओगे तुम माँ को पेंशन-यात्रा

तुम्हारे कंधे दुखेंगे आज, बेहिसाब

और बूटी पीसकर मलना पड़ेगा कंधे पर,

तुम्हारी पत्नी को देर तक

छंदू, इस सदी में भी जी रहे हो तुम...

आदिम-जीवन, जबकि तुम्हें भी...

मेट्रो-ट्रेन की जर्नी नसीब होनी चाहिए थी

क्या ऐसा नहीं लगता भोले छंदू कि यह

तुम्हारी 'पेंशन-जर्नी'

किसी सभ्य और विकाशशील देश के लिए

बेहद शर्मनाक तस्वीर है?

चिंताग्रस्त हैं नदियाँ

वही नाम, वही जात, वही जन्म-स्थान

और सम्प्रति भी वही है नदियों का

पर उनकी पुरातन शुद्धता में

अप्रत्याशित कमी आई है

यद्यपि उनकी भावनाएं आज भी

वही हैं जग-कल्याण की

तथापि उनकी पवित्रता वो नहीं रही

शायद इसीलिए

चिंताग्रस्त हैं नदियाँ

बेहद परेशान दिखती हैं

नदियाँ चिंताग्रस्त दिखती हैं...

अपनी कोख में जैसे किसी बलात्कारी

का वीर्य किसी क्वांरी कन्या को

असहनीय व घिनौना बोझ लगती है।

अनंत पीड़ा

रोज सुबह-शाम झुकती हूँ मैं

हाथ जोड़े हुए

टूटती हूँ मैं जिगर में समेटे हुए

अनंत पीड़ा

उबलती चाय में कुछ बूँदें टपकाती हूँ

फिर परोसती हूँ ट्रे में चाय

पति और पति की माँ के आगे

पति के भाई के आगे और अन्य

परिजनों के आगे

चाय लजीज हो जाती है शायद

मेरे झुक जाने के कारण

और शायद चाय में

आंसुओं के मिल जाने के कारण।

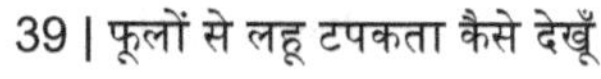

उस दिन कुछ गजब हुआ था

अम्मा के चेहरे पर प्रायः हर दिन

गर्द की परतों की तरह

बिछती रहती थी उदासी

और हटाये हटती भी नहीं थी

पर उनकी आँखें कभी डबडबायी नहीं थी

मैंने उन्हें रोते-बिलखते भी देखा नहीं था कभी

उस दिन...

लेकिन कुछ गजब हुआ था

उनके भीतर की कोई सख्त दीवार थी दरक गयी

धरती का कलेजा भी जरूर फटा होगा...

उनकी आहों से

उनका गाँधी मॉडल चश्मा रोया था,

और भरी थी सिसकियाँ कोने में रखी

उनकी ठेंगुरी भी

उस दिन...

उनके मुंह का नेवाला

न भीतर जा रहा था, नही बाहर

दरअसल...

उन्हें शहर के वृद्धाश्रम में

भेजना तै किया गया था

उस दिन...

बात बस इतनी ही थी

अम्मा, सुन कर वृद्धाश्रम का नाम

अचानक हो गईं थी खामोश

और देखते ही देखते लुढ़क पड़ीं थीं,

भोजन की अपनी ही थाल पर

लुढ़क पड़ा था पानी का लोटा भी...

शायद अम्मा के ही दुःख से आहत हो कर

उसी दिन...

'राम-नाम सत्य है...' के नारों के साथ

अम्मा को ले जाया गया था गंगाघाट

शायद अम्मा को ज्यादा सुकून

वहीं मिला था।

———

कुछ ही वर्ष पहले

कुछ ही वर्ष पहले

शहर के उर्दू लाइब्रेरी और अग्रवाल

हिन्दी पुस्तकालय की हो गयी थी अकाल मृत्यु

जिसे हादसा ही कह कर कलप उठे थे

शहर के अदीब व कुछ पुस्तक-प्रेमी

जिसमें मेरा भी नाम था शुमार, पुस्तक प्रेमी के रूप में

बेशक, उन्हीं की कब्रों पर

ताजमहल सरीखा खड़ा कर दिया गया था

एक मॉल झक-झक चमकता-इठलाता-सा

रोशनी में नहाया हुआ, मंद-मंद मुस्कुराता-सा

जैसे 'रूपा टाकिज' की लाश पर

पिछले वर्ष उठ खड़ा हुआ था

शहरं का सबसे शानदार होटल- 'होटल रांची'

हैरत थी मुझे भी शहर के इस बदलाव पर/मुझे तो

हैरत तब ज्यादा हुई थी, जब शहर का ;इंडिया बुक सेंटर'

बेंचने बैठ गया था- दलिया, हल्दी, तेल, और रामदेव बाबा

का च्यवनप्रास आदि

हां, मुझे हैरत थी कि कभी इसी इंडिया बुक सेंटर के

रैकों पर खडी मिल जाया करती थी- उदयप्रकाश की...

'और अंत में प्रार्थना' आज नामोनिशान नहीं है उसका

मैंने यहीं देखा था- राजेन्द्र अवस्थि का

उपन्यास- 'बहता हुआ पानी'

और राजेन्द्र यादव का- 'सारा आकाश' कोने वाला रैक में

और कवियित्री अनामिका की 'मौसम बदलने की आहट'

किताब भी

मैंने यहीं देखी थी, सजी हुई

यहीं 'एक कोने में चीखते नजर आते थे' मैं मुजाहिर

नहीं हूँ

उपन्यास के रूप में 'बादशाह' हुसैन रिजवी, तो लेखिका

मानसी की बेस्टसेलर बुक- 'लव-मंत्र' का नशा मुझे

यहीं चढ़ा था

ओह, आज कहाँ है वो जादू किताबों का

कहाँ है वो साहित्यिक मित्रों की टोलियाँ,

जो गोष्ठियां किया करती थी सप्ताहांत में,

इसी इंडिया बुक सेंटर के हॉल में बैठ कर होते थे

विमर्श कई मुद्दों पर

शायद धीरे-धीरे होती जा रही है इसी तरह

गर्क हमारी किताबों की दुनिया, आभासी संसार में

बेशक बहुत ज्यादा अफसोस तो नहीं है इस बदलाव का,

पर अफसोस इस बात का तो रहेगा ही कि...

हमारी किताबों की आभासी दुनिया वो महक, वो

एहसास किताबों की

कहाँ ले गयी?

कहाँ खो गयी वो किताबों की दुनिया?

———

प्रेमः चार कविताएँ

1.

प्रेम जीवन को छूकर

देखने का जरिया है

पर उसे छूना संभव नहीं

2.

प्रेम में वासना का होना

जरुरी है

पर

वासना प्रेम नहीं है

3.

प्रेम पागलपन है

जिसमें पागलपन नहीं है

उसमें प्रेम नहीं है

4.

प्रेम में इबादत की ही

जगह है
उसमें
गुलामी की
कोई जगह नहीं।

———

एक पचहत्तर वर्षीय पिता का पुत्र से, फोनिक टॉक

नहीं नहीं, बिल्कुल नहीं,

कोई तकलीफ नहीं...

बैड-टी या ब्रेक फास्ट में,

कोई दिक्कत नहीं होती

मेडिकल चेकअप भी होता रहता है

सप्ताहांत में,

अच्छे हैं- डॉ. कश्यप/नेक दिल केयर टेकर हैं

अब अर्थराइटिस में भी आराम है बेटे

मोर्निंग वॉक के साथ काम कर रही है

दवाइयाँ भी

बस... तुम्हारी मम्मी की यादें ही परेशान

करती हैं हर वक्त

साथ रहने का जी करता है

मुझे मालूम है सेहतमंद है वह

यकीनन उसे तुम्हारा प्यार मिल रहा है

फिर भी लगता है उसे देखूँ

कुछ बातें करूँ कुछ पूछूँ

बेटे, मेरी बातों को अन्यथा मत लेना

पता नहीं क्यों जो तुम्हें कहना नहीं था

वह भी कह गया...

जमा कई दिनों से था, बह गया

बेटे यदि संभव हो तो... हम साथ-साथ

रहना चाहते थे...

———

(पिता के फोनिक टॉक का शेष)

पापा, मैं समझता हूँ आपकी विवशताएँ

आप क्या गलत कह रहे हैं जो आप साथ-साथ

रहने को कह रहे हैं

पर आपको इस तंग फ्लैट में साथ-साथ

नहीं रख सकता

कुछ मजबूरियां हैं मेरी भी

यदि आप यहाँ होंगे तो मम्मी को पुश्तैनी मकान में

रहना ही होगा

किसी एक को तनहा होना ही होगा।

मेरी मौत कोई बड़ा हादसा नहीं

मरने से पहले

आपको यह बता दूँ कि

मेरी मौत

कोई बहुत बड़ी घटना नहीं होगी

हाँ, बहुत बड़ा हादसा नहीं होगा मेरा मरना

मैं वैसे ही मरूँगा

जैसे मरे थे मेरे

हीरा काका

नीम-हकीमों के नाम

या वैसे ही

जैसे मरे थे मनबोध भाई

खेत-फसल बचाने के नाम

या वैसे ही

जैसे बेगुनाह

रहमान मिया को

दंगे के धुएं ने

ढक लिया था अचानक

चूँकि मेरी मौत

कोई बड़ी घटना नहीं होगी

इसलिए अखबारों में

नहीं छपेगा मेरा नाम

दूरदर्शन नहीं सुनाएगा वह मनहूस खबर

दुकानें बंद नहीं होगी कहीं

शोक में नहीं डूबेगा कोई शहर

मेरी मौत कोई बहुत बड़ी घटना नहीं होगी।

एक तन्हा बीज

एक नन्हा सा तन्हा बीज

किसान के मजबूत हाथों

गाड़ दिया जाता है जमीन के

खूब भीतर

उस वक्त बीज का सारा वलवला

मिट चुका होता है

उसकी आँखें गीली नहीं होती

इल्तजा की हालत में भी बीज

नहीं होता, इल्तजा करे भी तो किससे?

यह जानते हुए भी कि वह किसी दिन दीदार

नहीं कर पाएगा उफुक का

वह गिडगिडाता नहीं है

खामोशी को पीते हुए पड़ा रहता है

मिट्टी के बिछावन पर या कहिए मृत्युशय्या पर

उस वक्त बीज, मुख्तारी जैसी चीज भी

खो चुका होता है

कोई भी कोशिश मुश्किल है, लिहाजा

पड़ा रहता है बीज, तकलीफ की घूंट पी कर

वैसे भी आजाद होने का कोई रास्ता नहीं होता

नाही अपने मुकाबिल किसान से जंग के काबिल

हाँ, वक्त एक दिन आता है कि

जमीन का वही गड़ा बीज

अंखुआकर पूरी ताकत के साथ

फाड़ कर धरती की छाती निकलता है

शान के साथ कि खुर्शीद अपनी किरणों से

और हवाएँ इत्रबेज हो कर करती है इस्तकबाल

फिर तो धरती लेट जाती है इसके पाँवों तले

सिजदा करने के लिए

क्योंकि अब वह बीज छोटा नहीं रहता

वह बन चुका होता है दरख्त।

———

क्यों सोया तू बावरा

क्यों सोया तू बावरा

सूरज की किरणें जगाएँ

पुरवाई तुझे सहलाए

जिम्मेवारियाँ तुम्हें बुलाएँ

सारा कार्य अभी है धरा

क्यों सोया तू बावरा

सोता है सो खोता है

पछताता और रोता है

कर्मवीर ही इस दुनिया में

परम विजेता होता है

यह उन्हीं वीरों की है धरा

क्यों सोया तू बावरा।

भीतर का आदमी

भरेंगे ही वे

वादियों के सीने में

बारूदी गंध

कतरेंगे ही वे

अमन कबूतरों के पर

फैलेंगे ही उनके होंठ

जब वे देखेंगे

जोहड़ों में फँसी लाश

गिद्दो की जमात

मातम में डूबी बस्तियाँ

पर वे

नहीं होंगे

जरा भी उदास

क्योंकि

मर चुका होगा

उनके भीतर का

आदमी।

———

आज फिर...

(आतंकवादी गतिविधियों के वक्त का कश्मीर)

आज फिर जख्म हरे हुए हैं

आग की लपटें कौंधी हैं

जंगलों में,

झुलस गये चेहरे दरख्तों के

झील की छाती से लग कर

शिकारे भरने लगे हैं सिसकियाँ

केसर की गंध भी

हो गई है गुम कहीं

जहरीले हुए है हवा के होंठ

घाटियाँ फिर डरावनी हो गई

आँखों के मासूम सपने

डरे हुए हैं

आज फिर जख्म हरे हुए हैं।

दादी माँ

दादी माँ, अपने शिशु-पोते को अंचरा से

झांक-तोप लेती और बोरसी के पास

सुनाती रहती लोरियाँ

जब तक पोता सो न जाता

शाम घिरते ही सर्दी से जब

किकुरने-ठिठुरने लगती दादी

बैठ जाती सुलगा कर बोरसी

गर्म करने के लिए बूढी देह

तभी घर के बच्चे बैठ जाते घेर कर

सुनने के लिए उनसे, राजा-रानी और भूत-प्रेत की

कहानियाँ

दादी कहानी सुनाती हुई बच्चों से

'हुँकारी' जरुर भरवाती कि कोई बच्चा

निन्दिया न जाय

घर में दादी माँ से ही पूछकर पकती थी

घर की रसोई (खाना)

उनसे बिना पूछे घरुआरिने कदम एक न उठाती

बाहर का बैना दादी मुंह में डालतीं फिर घर के लोग ताकि नजर-
गुजर

लगे तो दादी को घर के किसी और को नहीं

दादी माँ, दरअसल घर की रखवार थी और संरक्षक भी

वो सलाहकार तो थी ही

अफसोस, आज दादी घरों में नहीं के बराबर

देखी जाती हैं

बमुश्किल मिलती भी हैं तो वृद्धाश्रमों में

प्रायः आँखों से आंसू गिरता हुई।

———

बिटियाँ हूँ मैं

तेरी बिटियाँ हूँ ऐ अम्मी, बिटियाँ ऐ अम्मी

मुझे परायी न समझना

मुझे दूर देश नहीं रहना

पीहर की होती हैं काली लम्बी रातें

नहीं कोई समझे मेरी जज्बातें

बेरहम बुतों से क्या कहना

मुझे दूर देश नहीं रहना

पुष्पाहार मुझे बहुत सुहाए

स्वर्णाहार नहीं मन को भाए

मुझे शीश महल में न रहना

मुझे दूर देश नहीं रहना

तेरी बगिया की कोयल हूँ प्यारी

कूदती-फुदकती मैं डालियों पे तेरी

मुझे पिंजरबद्ध न रहना

मुझे दूर देश नहीं रहना

कोई बहेलिया पास न आए

फाँस के मुझको ले न जाए

तू भी चौकन्ना ही रहना

मुझे दूर देश नहीं रहना।

गर्दिश-ए अय्याम

(साहित्यकार राजेन्द्र यादव का अंतिम काल)

क्या कहूँ कि यह दौर

कितना जानमारू है मेरे लिए

देह की तमाम नसें ढीली पिलपिली हो गई हैं

जिनमें कभी बहती थी ऊर्जा की उष्ण धाराएं

अब उनमें ठंडी रेत सी जमती जा रही है

लगता है यह शरीर अब वह जर्जर बुढा दरख्त

हो गया है जिसकी हर एक शाखाएँ सूखने लगी हैं

और दरख्त अब ठूंठ होने को हैं

कुछ दिन पूर्व हर्निया के शल्य क्रिया का संत्रास

झेला साहिबाबाद में और अब एम्स में दाखिल

कराया जाएगा, देह की दुरुस्तगी के लिए

ओह! जिन्दगी का यह आखिरी दौर

कितना लिजलिजा, घिनौना व डरावना हो चला है कि

मुझे एक प्राइवेट वार्ड के कमरे में सिमट जाना पड़ा है

चलता हूँ पर भीतर से हूब नहीं मिलती

पांच कदम चलने के लिए भी 'किशन' का अवलंब जरुरी

होता है और भूख तो हमारी आँतों से हमेशा के लिए

बिदा ले चुकी है

फकत एक कागजी रोटी भी हम पर भारी होने

लगती है और शौच तो एक बूंद भी नादारत होता है

शरीर की इसी बदहाली ने दिमाग को भी पंगु बना

दिया है न कुछ पढने की तमन्ना रही नाही कुछ

लिखने की ख्वाहिश बेशक मेरे जेहन में जब सपनों की

कोई जगह नहीं है ना कोई भविष्य का सलोना चेहरा

दिखता है मुझे

अब तो 'हंस' के लिए सम्पादकीय लिखना भी

मेरे लिए मौत से कुछ कम नहीं।

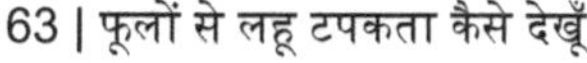

माँ, सम्हाल लेती है

मुफलिसी में भी

वह हमें पाल लेती है

निवाला कम हो तो

मुँह में अपना नेवाला डाल देती है

आखिर माँ है न...!

हमारी बीमार जिंदगी भी

सम्हाल लेती है।

गज़ल

दोस्तों ने निभायी दोस्ती असलियत कुछ खास है

फन काढ़ता है वही जो बिल्कुल हमारे पास है

मुफलिसी ओढ़े फिरता रहा सड़कों पे मैं

अलबत्ता रिश्तेदारों का डेरा आस-पास है

किसी ने कसी तंज किसी ने सब्जबाग दिखाये

उनके दस्तावेजी चेहरा हमारे पास है

मतलब साधते रहे की फिक्र नहीं हमारी

मेरे घर में अँधेरा उनके घर में उजास है

मेरे ही खूँ चाट कर जीने की आदत है उनकी

वरना उनका तो हर रोज रोजा और उपवास है

चुगली-चापलूसी के सहारे सितारे बलंद किये बैठे हैं

इंसानी उसूलों को कहते निहायत बकवास है।

मिट्टी का ताजमहल

मेले में आया कुम्हार का बारह वर्षीय लड़का

अपने सारे दीये और मिट्टी के खिलौने

बेंच कर बेहद खुश था,

तभी उसके घर से पिता आए और बिक्री के

सारे रुपये ले गये सुरक्षा के ख्याल से

इतिफाक से पिता के जाने के थोड़ी देर बाद ही

उसे तेज भूख की पीड़ा महसूस हुई

वह दर्दकातर हो, इधर-उधर देखने लगा कि

कोई तो मिले जो उसकी सहायता करे

उसे क्या पता था कि सारे रुपये भिजवाने के बाद

ही यह नौबत आएगी कि चंद रुपयों की जरुरत

होगी और पास में होगा कुछ भी नहीं

भूख की पीड़ा जब ज्यादा परेशान करने लगी

वह उठा और एक मात्र वही 'ताजमहल' खुद

मेले में बेंचकिर चंद रोटियाँ और सब्जी खरीद लाया

कमीनी भूख ने उससे वह प्यारा सा खिलौना मिट्टी

का खूबसूरत ताजमहल बेचवा डाला जिसे बिक्री से

बचा कर अपने लिए रखा था उसने

भूख से राहत तो जरूर मिली लेकिन उस लड़के

को अपना प्यारा खिलौना बेंचना उदासियों से भर डाला

आखिर जब वह घर गया, सारे परिवार में उसे

शाबासी मिली, वह खूब सराहा गया

लेकिन मिट्टी का वह ताजमहल जिसे रंगों से किसी

मुसव्विर ने दिल से सजाया था, कि वह आगरे का

संगमरमरी ताजमहल सा ही चमकता था, उसे बेंच कर

जैसे वह अपना सब कुछ खो दिया था

लिहाजा जैसे ही ताजमहल का जिक्र आया

वह एकदम खामोश हो गया

फिर तो लाख समझाया उसे परिवार वालों ने

वह अपना आंसू रोक न पाया।

मेरी खाल के टुकड़े

(तानिगुची की आप बीती)

बकौल तानिगुची मैं था उन दिनों

सोलह वर्षीय डाकिया, जा रहा था इपिक सेंटर

तभी हुआ था एक जोर का धमाका और मैं साईकिल

समेत दूर जा गिरा था

घंटों बाद मैं देख सका कि दिवारों पर मांस के टुकड़े

चिपके हैं, मैं अपनी चोट और जख्मों से बेखबर रहा,

पूरे तीन दिनों तक

मुझे एहसास हुआ कि मेरे शरीर से फटे हुए कपड़े

चिपके हुए हैं या फिर टंगे हुए हैं, दरअसल वे कपड़ें नहीं

मेरी खाल के टुकड़े थे

उपचार के दौरान 21 महीने तक पेट के बल सोना पड़ा

यही नहीं मेरी पसलियाँ शरीर में ही घुस कर रह गई थी

और कुछ तो आज भी नादारद हैं कहीं शरीर में ही पड़ी हैं

दर्द से रोहत के लिए मुझे आज भी क्रीम का

सहारा लेना पड़ता है वरना कई-कई दिनों तक नींद

नादारद होती है आँखों से

मेरी आत्मा कहती है कि हे इश्वर ऐसी तकलीफजदा

जिंदगी मेरे शत्रु को भी न मिले

और इस दुनिया में है कोई अदल-गुस्तर, तो

मेरी इल्तिजा है, दुनिया में ऐसा हादसा न कराए जाएँ

जो तबाही और बर्बादी झेला है नागासाकी और

हीरोशिमा ने, वो कोई और मुल्क न झेले

और दुनिया से परमाणु बम को नेस्तनाबुद कर दिया जाय

मैंने किसी वाइज की तरह यह बात नहीं कहीं

यह तो महाशक्तियों से बार-बार इल्तिजा है मेरी।

चीठियों के मुताल्लिक

चीटियों को मैंने जब भी देखा है

खटते कमाते देखा है

काम करते/अपने से ज्यादा वजन उठाते देखा है

न उन्हें गपियाते देखा है न उकताते ही

हाँ, मैंने उन्हें प्यार करते भी नहीं देखा

अहद-ए-जवानी से जईफी घेरने तक

क्या चीटियाँ जिस्मानी मोहब्बत नहीं करते?

आखिर पूछ लिया मैंने एक चीटी से ही

उसने इसका किया खुलासा- क्यों नहीं करते है

हम प्यार

हम प्यार करते हुए भी अपना काम करते हैं

हम अपना कीमती वक्त मोहब्बत के नाम रायगाँ

नहीं करते

हमारे यहाँ आदम जात की तरह लव-जेहाद

मोहब्बत के नाम दंगे-फसाद नहीं होते

वैसे हमारे यहाँ प्रकृति हमेशे साँस लेती है

अनुशासन और संतुलन होता है हमारे बीच

वैसे भी किसी भी सफ़र में हमे आपने

पंक्तिबद्ध ही देखा होगा

हमारे यहाँ कुदरती नियमों के पालन होने के कारण

भीड़-भड़ाका, मार-पीट, धक्कम-धुक्की आदि नहीं देखे

जाते नाही हमारे यहाँ तलाक-वलाक की स्थिति

आती है बेशक हमारे यहाँ कलह-कोहराम की जगह

प्रेम-प्यार ही ज्यादा देखे जाते हैं

हाँ जिस्मानी सम्बन्ध भी होते हैं हमारे यहाँ भी तभी तो

प्रजनन क्रिया चलती है हम चींटियों में

लब्बो-लुआब यह कि हमारे यहाँ प्यार मोहब्बत है

और जिस्मानी रिश्तों की गुंजाइश भी लेकिन कुदरती

कायदे-कानून के साथ...

हम शर्मसार हुए सर झुकाया और अपनी राह

चल दिए।

———

गरीबी की शक्ल

गरीबी की शक्ल

मैंने देखी है

देश के

सुदूर गाँवों में जा कर

जहाँ सड़के नहीं हैं

ठीक-ठाक कच्ची भी

पेय-जल तक

जहाँ मय्यसर नहीं

कितने घरों में तो

दीये तक

नहीं जलते

हर रोज

और...

दिन के उजाले में ही

रात का भोजन

विवशता हुआ करता है

फटेहाली/बदहाली का

नंगा सच

लिखा होता है

एक एक चेहरे पर

किस्से की तरह।

———

भूतहा इनार का पानी

भूतहा इनार का पानी, पानी नहीं

शरबत था कभी

पानी तो जरुर था प्यास बुझाने के लिए

बढ़िया पर उस इनार पर सिर्फ वही जाते थे

जिनका चलता था समाज में पानी

गाँव के शेष अछूत लोग पीते थे

पोखर और नदी का पानी

आज बेशक ऐसी बातें होती है करने वाली हैरानी

किन्तु बात यह वर्षों है पुरानी

बदकिस्मती से चमरू चमार की गर्भवती को

लगी थी जोरों की प्यास

भादो की उस अन्हरिया रात में

हिम्मत बटोर कर चमरू चल दिया था

उसी इनार पर यानी ठाकुर के कुँए पर

जो वर्जित था उसके लिए

करता भी क्या, नदी का पानी बाढ़ के कारण गंदला था

और पोखर मछली-मार के कारण कीचड़ हो गया था

क्या संयोग कि घोड़े पर सवार ठाकुर उर्फ बबुआजी

हितई से लौट रहे थे गाँव

साथ वाले ने उन्हें बतलाया सरकार आपके कुँए पर कोई

पानी भर रहा है- शायद चमरुआ हरिजन

उन्होंने पंचसेलवा चोरबत्ती (टॉर्च) से देखा

बात सही थी, कर रहा था चमरुआ इनार को भरनस्ट (अपवित्र)

बौखला कर ठाकुर ने चला दी गोलियाँ चमरु पर

चमरु एक दर्दनाक कराह के साथ गिर पड़ा इनार में ही

डोरी बाल्टी के साथ

फिर तो उसकी लाश सड़ती रही थी सात दिनों तक

तब से ठाकुर का वह इनार हो गया था भूतहा इनार

अलबत्ता उस इनार से जो भी राहगीर गुजरता एक

आवाज सुनाई पड़ती ठहरों भाई, पीलो कुँए का मीठा पानी

हम ठाकुर साहेब नहीं कि जान लेलेंगे दो घूंट पानी के लिए।

———

पेड़ों के पतों पर ठहरी बूंदों के बारे में

बूँदें जो ठहरी होती है पेड़ों के पतों पर

एक जीवन होता है उनके अन्दर भी

एक अपना वजूद, उनकी एक आत्मा होती है

जब तक पेड़ों पर धूप नहीं आती

या बेदर्द हवा जब तक पेंड के डालियों को

जबरन झकझोरने नहीं आती

बूँदें ठहरी होती हैं बेफिक्र

बल्कि मौत के करीब आने तक

चमकती, चहकती नजर आती हैं बूंदे

बेशक वे धूप में झुलस कर दम तोड़ देती हैं

या हवा के धकियाने से टपक कर मिट्टी में

मिल जाती हैं

पर बूँदें कभी हताश नहीं होतीं

यह सही है कि

उनकी जिन्दगी छोटी होती है

लेकिन उनके सपनों का आकर

छोटा नहीं होता

उनकी चाहतों का रंग

फीका नहीं होता, मिट जाने तक।

धरती-पुत्र

धरती पुत्र तुम कहो या कहो वनवासी

मैं तो हूँ आदिवासी भैया

मैं तो हूँ आदिवासी

अपना घर जंगल है

जहाँ निशदिन मंगल है

शेर सियार हिरण और हाथी

ये सब मेरे साथी

मेरी वजह से बची हुई है

धरती की यह थाती

मुझे खदेड़ोगे जंगल से

तेरा वजूद मिट जायेगा

तेरा शहर भी नहीं बचेगा

महल तेरा धंस जायेगा

सूरज धरती चाँद-सितारे

जितने तेरे उतने हमारे

पर छीनते हो जबरन तुम धरती हमारी

मेरे हिस्से डाल दिए तुम पूरी रात अँधेरी

मेरी भार्या और जननी को बना रखे हो दासी

मैं तो हूँ आदिवासी भैया, मैं तो हूँ आदिवासी।

फेसबुक

1.

दिल की काल कोठरी से

जिन बातों को निकाल कर

लबों तक लाने में

लग जाते थे

कई काल-खंड

आज तुम बिछ गये हो

हमारी उन्ही बातों के लिए

सफहे बन कर

अब तो तुम ही मोहब्बत की

आवाज बनते हो और लगाते हो

मोहब्बत के नारे भी

2.

तुम्हारी ही दहलीज से

अब तो फूटती हैं

इल्म की राहें भी

तुम शायद इसीलिए

बहुत अपने लगते हो,

इतने अपने कि

नहीं लगती

अपनी जिंदगी भी

उतनी अपनी।

———

डर का रंग

जिस दिन

धरती थर्रायी थी

और इमारतें

हो गयी थीं जमींदोज

डर ने डराया था ऐसा कि

हो गया था सभी का चेहरा जर्द

उस दिन मौत का ही रंग सबके

चेहरे पर था

जैसे पुत गया

और सभी का चेहरा था एक सा हो गया

भले ही दुनिया में

होते हैं चेहरे अलग-अलग

पर डर का रंग

अलग अलग नहीं होता।

पूर्ण विराम

पूर्ण विराम

एक गोल बिंदु भी हो सकता है

या एक खडी लकीर भी

या फिर

अन्य शक्ल का

लेकिन पूर्ण विराम

मौत के घाट का भी नाम है

और थक कर

कहीं बैठ जाने का नाम भी है

पूर्ण विराम

पूर्ण विराम

दरअसल

किताबी पंक्तियों के बीच ही

ज्यादा आलगता है

जहाँ किसी वाक्य की उम्र

खत्म हो जाती है और, वह

जो कहना चाहता था कह चुका

होता है

किन्तु पूर्ण विराम किसी विशेष

के लिए बेमतलब भी होता है

उसकी जिंदगी की पुस्तक में

मात्र कौमा और सेमी कौमा की

ही अनिवार्यता होती है

किसी भी हालत में

पूर्ण विराम का नहीं।

यह अलग बात है कि

पूर्ण विराम उसके पास

कभी न कभी आता ही है

खुद से गले लगाने।

एक बढ़ई के कारखाने में

कुछ अजीब था वहाँ का दृश्य

उस कारखाने की जमीन तो जैसे थी ही नही

पूरी जमीन थी ढकी हुई अगड़म-बगड़म चीजों से

कहीं पड़े थे काठ के गुटखे तो कहीं जंग खाए पेंच

और कांटियाँ

ठीहे पर रंदाई से निकले लकड़ियों के छिलके

और चीराई के बुरादे फैले हुए थे

उस कारखाने में सरेस का टुकड़ा, फेबीकोल

का डिब्बा, लाल-लाल चपड़े थे योंही फैले हुए

गैर जरुरी सामान की तरह

लेकिन नहीं वे कुछ भी बेकार नहीं थे जो

पड़े थे कारखाने में

वही बढ़ई ढीले चूल को गुटखे से कसने का

काम करता है और गुटखा सार्थक हो जाता है

जब बढ़ई सर्दी से कांपती रात को गर्म करना चाहता है

तो उस वक्त वह इस्तेमाल करता है लकड़ी के बेकार पड़े

छिलकों को और उसी वक्त काम आ जाते हैं

लकड़ी के बुरादे भी।

बढ़ई बचाता है अपनी ठिठुरती देह

यानी बढ़ई गैर जरुरी लगती चीजों का कर लेता है

इस्तेमाल वक्त आने पर

कवि होने के कारण मुझे फौरन यह खयाल आया कि

मेरा भी तो एक कारखाना हैं, दिमाग में जहाँ

उसी तरह पड़े होते हैं- कौंमा, हलंत, मुहावरे,

लोकोक्तियाँ, कुछ देशज और विदेशज शब्द

यहाँ तक कि रेफ और डैस तक पड़े होते हैं

या फिर बिखरे होते हैं बेमतलब चीज की तह

लेकिन वे फालतू नहीं होते, वे आदी हो जाते हैं

काम रचनात्मक कार्य के वक्त।

———

निगाह

गेंहू का बोझ उठाए

गणेसी

जरा मुड़कर देखता है–

मेड पर बैठे रघुपत बाबू की निगाह

जो हसुएँ से गेहूँ काटती

ललमुनिया की फटी कुर्ती से झाँकते

उसके उरोजों पर टिकी है

वही निगाह, कभी उसके नितंब पर भी

मंडराती है तो कभी उसकी कमर पर भी

गनेसी की आँखों में जम कर

रह जाती है वह निगाह

दूसरी खेप में जब वह आता है

रघुपत बाबू को कटाह कुत्ते की तरह

भंभोड़ता है

लेकिन जैसे ही

लगती है उसके घवाहिल अंगूठे में ठेंस

उसका सोच क्रम

टूटता है

फिर तो गनेसी

अपने गमछे से

पसीने में नहाया चेहरा

पोंछता है, और गलियों से गोदता है

...रघुपत बाबू को।

<hr>

लंबी कविता-उदासी बाल खोले सो रही है

आशियानों पर

उदासी बाल खोले सो रही है

सुकूत-ए मर्ग गहरा रहा है

मनहूसियत मुसलसल चू रही है

दीवारों पर/न जाने

और कितना हमें पीना पड़ेगा

तेरे गम का प्याला

जालिमों ने हमारे ख्वाबों का

गुलशन ही उजाड़ डाला

बला-ए-नागहानी का किसी को

न अंदाजा था न अंदेशा

कि तेरे साथ भी कभी होगा ऐसा

तुम थे नौखेज अभिनेता और कामिल

जहनी तौर पर भी थे तुम उमदा फाजिल

तुम थे मर्देमोमिन नहीं थे बुजदिल इन्सान

तभी तो शक है, खुदकुशी से तेरा कैसे हुआ नुकसान

तेरे चंद जिगरसोज और एहबाब के

मार्फत तेरी मौत की जब खबर मिली

किसी को भी न हुआ यकीन

कोई ठोस कारण ही नहीं था तुम्हारें साथ कि

दफातन होता यकीन

तेरे जैसे खुशशक्ल और खुशमिजाज के लिए

भला खुदकुशी मानलेना था ही नहीं मुमकिन

तेरी अजल को मु.पु ने तो तेरी खुदकुशी ही

मुश्तहर किया

अलबत्ता तेरी मौत का इल्जाम तुम पर ही चस्पा किया

लेकिन तेरी संदिग्ध मौत का सच, मुल्क भी जानना चाहा

तेरे करोड़ों तलबगार की आवाजें बलंद हुई

नारों-चीत्कारों से दुनिया ही दहल गई

सुना तेरे चाहने वालों की आवाजें ग्लोब के लाखों चक्कर लगांई

इधर तेरे दुश्मनों पर शामत छाई

हजारों तिकड़म लगे भिड़ने तेरे दुश्मनों के

सबूत लगे मिटने तेरी कत्ल के

दुःख से मजरुह पिता की इल्तिजा ने भी

बिहार सूबे के मुख्यमंत्री को द्रवित किया

उन्हों ने फिर मर्कज को सिफारिश किया

वजीरे आलम ने किया इहतमाम सही-सही

जाँच का

इब्तिदा हुई सी.बी.आई. की तेज आंच की

धीरे-धीरे गिरह कुशाई का काम आगे बढ़ा

कई अपराधिक चेहरे सामने आए

अलबत्ता तेरी माशूका ही आलूदा दामन निकली

तेरी माशूका जो तेरी सच्ची दोस्त नहीं जरदोस्त थी

निकली असली गुनाहगार

दर हकीकत 'रिया' ने बॉलीवुड के कुछ आलीजाहों

और आकाओं के इशारे तथा रहनुमाई पाकर

तुम्हारे साथ नापाक खेल खेला

उसने तुम्हें पहले तो मजाजी उल्फत की जाल में

फंसाया और चाहा अपना इंजाहे मराम

लेकिन जैसे ही उसे उसकी चल की नाकामी का

एहसास हुआ तुम्हें शुरू किया मानसिक प्रताड़ित करना

उसका मंजिले मकसूद बन गया तुम्हें पागल करके पागलखाने में

डालना

उसने तुम्हें सेहतमंद करके फिरसे खड़ा करने का झूठा बहाना किया

नकली डॉक्टर से इलाज करवाया

दवाइयों का ओवर डोज दिया

तोड़ते-तोड़ते तुम्हें इतना तोड़ा कि तुम

महज लाश रह जाओ/और रिया का विरोध न कर पाओ

इसी दरमयान तुम्हारी दौलत को अपने हिस्से कर लिया

जिसमें शरीक थे उसके सारे अपने

अपनी सुरक्षा हेतु टेके उसने आलिजाहों के घुटने

आखिरकार तेरी कत्ल करवाई

और खुदकुशी की झूठी खबर फैलाई

लेकिन सी.बी.आई और एन.सी.बी. ने

बॉलीवुड में इंकलाब लाया

सारे आलूदा दामन चेहरे सामने आए

फिर पैगामे हक़ भी मुल्क को नजर आया

रिया की मलामत हुई जेल में डाला गया

हालाँकि तन्कीह अभी जारी है तेरे दुश्मनों पर गिरा पाप का साया

अभी बाकी है तमाम गुनहगारों का सजायाफ्ता होना

रिया को इशरत न मिली ना ही मिलेगी कभी लिखा था उसका गारत होना

तेरे गुनहगारों को अब मुआफी नामुमकिन लगती है

दरअसल फूलों से लहू टपकता कैसे देखे दुनिया

यह तो इमानदारों और सही इंसानों को तौहीन लगती है।

———

क्यों?

वह चाँद नहीं है

चाँद नाम है उसका

यह सच है कि...

वह बेहद खूबसूरत है

बस... इसी का अफसोस है उसे

कि वह बेहद खूबसूरत क्यों हैं?

खूबसूरत तो है

पर मॉडलिंग के लिए कहीं जाकर

अधनंगी पोज नहीं देती

नाहीं कहीं जाकर बार बालाओं की तरह

थिरकती है

वह तो चोरी-चोरी चुनने जाती है

कोल-साइडिंग में काले पत्थर

ताकि लगाकर पोड़ा बेंच सके उन्हें

प्लास्टिक की बोरियों में भरकर

वह कोयला चुनने तब भी जाती है, जब

कोयलांचल का मौसम आग बरसा रहा होता है

या फिर ठण्ड से मरने वालों की तादाद

बढ़ रही होती है

और तब भी जब सी. आई. एस. एफ. के जवानों

की गश्ती तेज कर दी गई होती है

हालाँकि, उसे काले पत्थरों की चोरी पसंद नहीं

पर तंगहाली में वह करे क्या?

पकड़े जाने पर जवानों की भद्दी गलियाँ सुननी ही पड़ती है

वह कोल माफिया का आदमी तो हैं नहीं कि महफूज रहे

वह चाँद है, लोग देखें बुरा नहीं लगता उसे, पर

लोग समझते हैं उसे भी कोई 'लजीज शौय'

उस पर लार टपकाते लोग, उसके माथे पर कोयले

की बोरी नहीं देखते, उसकी बदहाली पर

तरस नहीं खाते बल्कि उसकी गठीली सुन्दर काया

पर फ़िदा होते हैं

तब तो उसे और बुरा लगता है जब कोलियरी के गार्ड

पूछते हैं- "चलती है तो नखरें क्यों करती है... बोलो

एक रात का क्या लेगी?"

चाँद डरकर दूसरे रास्ते भाग खडी होती है।

———

बासी रोटियाँ

कुछ बासी रोटियाँ

कूड़ेदान से झांक रही थीं इत्तिफाक से

तभी एक कूड़ा बीनने वाला लड़का

सड़क से गुजरते हुए भूखी नजरों से देखा

मन ही मन रोटियों का स्वाद चखा

और दौड़ कर झपट लिया उन्हें

अभी तो वह रोटियों को पोंछ–पांछ ही रहा था

कि टकटकी लगाये एक शेरनुमा कुत्ता

उस लड़के के हाथों से रोटियाँ झपट लिया

और फिर कुछ दूर वह भाग खड़ा हुआ

लोग भी आवाक थे

जो यह मंजर देख रहे थे

यानी उस घटना के वही

चश्मदीद गवाह थे

फिर तो यह उस लड़के की आँखें डब डबा आई

लड़का आखिरकार रो पड़ा रोटी छीन जाने के कारण

और शायद भूख के कारण, असहनीय दर्द के कारण

ऐसी घटनाएँ घटती हैं हर रोज

हमारे मुल्क में

और तमाशबीन होते हैं

हम जैसे निहत्थे लोग जो

करते हैं पश्चाताप

और ज्यादा तो दो बूंद

आँसू गिरा देते हैं अलबत्ता

उसे, उस दिन एक महान चित्रकार ने देखा...

उसने उस पर बनाया अपना चित्र

और फिर वही, कई नामी पुरस्कारों से

नवाजा गया। फिर वह देश-विदेश में नाम कमाया।

———

एक दीया तनहा

एक दीया तनहा भी जलकर

करिश्मा कुछ कर जायेगा

डर जायेगा स्याह अँधेरा

रास्ता धवल हो जायेगा

लेकिन दीया, दीया से मिल कर

जब जलेगा एक साथ

सीना फट जायेगा तम का

फिर उसकी क्या होगी विसात

लेकिन ऐसा नहीं चाहते तम से राज करने वाले

हैं चाहते घना अँधेरा खुशियों से जलने वाले

हम बारेंगे दीया से दीया मिलाकर

धरती माँ का तम हरेंगे आगे जाकर

गाँव की झोपड़ मुस्काएगी तम की करारी हार पर

तभी हँसेगी लोकतंत्र की धरती बाँह पसारकर

जितना चाहो दीया जलाओ

गम की रात अब दूर भगाओ।

मैं लिखता हूँ कि...

मेरे लिखने के सबब का

कोई शगल या फिर पेट की आग से

रिश्ता नहीं है

में वक़्त काटने के लिए भी

कागज के सफहे नहीं रंगता

सैम्पू-क्रीम सा कोई उत्पाद भी

नहीं है मेरा लेखन

नाही किसी खास नफा-नुकसान के

गणित से याराना है इसका

बेशक, यह मेरे मिजाज का

अहम हिस्सा है

या रूहानी आवाज है मेरी

जो निकलती है खुद-ब-खुद

नज्म बनकर

लिखता हूँ कि कायम रहे धरती पर दूब

और कायम रहे तितलियों/फतिंगो का साम्राज्य

मैं लिखता हूँ कि फूलों के ओस भीगे चेहरे

भी खिलखिलाते, मुस्कुराते रहें

मैं लिखता हूँ कि बेचैन रात में भी

अगली सुबह की एक मीठी चाहत बनी रहे

और मोहब्बत में भीगे पलों को

अपनी जिन्दी में गूंथें जाने का

जी में ठहरा रहे यकीन।

शर्ट का बटन

एक दिन शीघ्रता में

बस मुझसे

एक बटन गलत लग गया

देखा-सारे बटन

गलत लगते गए

नतीजतन

शर्ट का आकार ही

नहीं बदलता

मेरा गेटअप ही

बदल गया

उस गलती ने मेरे पहनावे को

बेढंगा बनाया

मेरा तो व्यक्तित्व ही बदल गया

कई जगह शर्मसार होना पड़ा

और कई जगह हँसी का पात्र बनकर

उपहास सहना पड़ा

वाकई जिंदगी में

व्यवहार की बस एक गलती से भी

टूट जाते हैं या बिगड़ जाते हैं रिश्ते

जैसे एक गलत बटन लग जाने से भी

बिगड़ जाती है लिबास की सूरत।

हैंगर

हैंगर आपके लिबासों को

अपनी उँगलियों में

टांगे रहता है

थकने तक

टूट जाने तक

बचाए रखता है

आपकी खुली/अधकुली देह

देखता है

हैंगर भी

आपको कपड़ें बदलते हुए

पर वह अपने होठों को

बंद ही रखता है

हैंगर उन नकाबों को भी

चुपचाप सम्हाले रहता है

अपना फर्ज मान कर

वह लिबास के

खूनी पंजों व उसकी

वहशी आँखों से

नफरत करते हुए भी

कभी जुबान नहीं खोलता

यही वजह है कि लोगों का

हैंगर पर यकीन नहीं

उठता।

क्षणिकाएँ

1. अनशन

अनशन,

हार से

शुरु होने वाला

जीत का संघर्ष

2. आत्मविश्वास

आत्म विश्वास,

जीत को कील मानकर

वक्त के माथे पर

ठोंकने का प्रयास

3. हिफाजत

राजा ने तालाब की

मछलियों के लिए

तैनात कर दिए हैं पहरेदार

और सारे पहरेदार

बगुले हैं

4. इस वक्त को

इस वक्त को

जवाब क्या दूँ

न हथियारबंद हूँ

न जबान सलामत है।

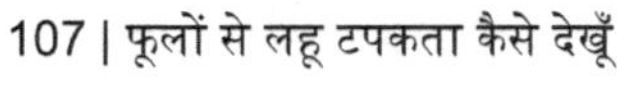

प्राण-वायु

वायुमंडल में प्राण-वायु की मात्रा

घट रही है

अलबत्ता मौत

करीब आकर डट रही है

हाल यही रहा धरती पर

प्राण-वायु का

तो हर जगह दूकानें होंगी

शहर-बाजार में इसकी भी मांगे होंगी

लोग राशन, भाजी के साथ इसे

भी बाजार से खरीद लाएँगे

कभी-कभी तो इसकी भी किल्लत

पाएँगे

यदि अभी भी पर्यावरण नहीं बचाया जाएगा

तो कोई शक नहीं कि इसी वजह कयामत आएगा।

चुहलबाज हवा

हवा ने ही

की थी तुमसे चुहल

उतारा था तेरे वक्ष से

उसने ही तेरा आँचल

जुल्फों को

उसने ही किया था बेशर्म

मेरे आने की गलत खबर

तुम्हें उसने ही दी थी

बेचैनी का आलम

बुना था उसने ही

तेरे अन्दर

तुमने चाहा था उससे

कुछ पूछना मेरे बारे में

बस इतने पर

उछल कर जा खडी हुई थी

सामने के दरख़्त पर

किसी युवा गिलहरी की तरह

खिल खिलाती हुई।

डर से दुनिया सुन्दर नहीं बनती

डर से सूर्योदय और सूर्यास्त का

कुछ लेना-देना नहीं होता

चाँद देता है रौशनी धरती होती है उजली

लेकिन किसी के आदेश पर नहीं

बगीची में स्वयं ही खिलती है कली

डरावनी आवाजों से नदियों का बहना

नहीं रुकता

किसी तूफान के आगे हिमालय नहीं झुकता

किसी कानून या शासन से वक्त नहीं रुकता

दुनिया को हरा-भरा और सुन्दर

बनाने के लिए ही बादलों के आगे

खड़ा रहता है पहाड़

उसे भीगने-गलने का डर नहीं होता

पखेरू भी गाते हैं गीत स्वछंद निडर हो कर

किसी के डर से पखेरू नहीं बदलते अपने

संस्कार

खग गगन में उड़ते हैं आजाद मनमर्जी खाते हैं फल

रहते हैं मन मगन हो कर सपरिवार दल-बल

जैसे सितार के होठों पर संगीत नहीं

थिरकता किसी भय से

वैसे ही धरती की आबादी चलती है

रुकती नहीं उनका कार्यक्रम नहीं ठिठकता

दुनिया सुन्दर तभी बनेगी जब

दुनिया के नफरत और विकारों से

गंदले शरीर को प्रेम-जल से धोया नहलाया

जायेगा

न कि उसे धमकाया-डराया जायेगा।

———•———

दर्जी, सिलाई और अनुशासन

सिलाई, तुरपई और बखिया करके

दर्जी रखता है

आस्तीन, कॉलर, बाँह, मोहरी आदि को

अनुशासित जिसके लिए

धागों का सहारा लेता है वह

कहाँ बखिया लगाना है,

कहाँ तुरपई और

कहाँ दोहरी करना है सिलाई

बखूबी जानता है

एक पेशेवर दर्जी

लिबास को एकदम

सही शक्ल देने और

उसमें खूबसूरती चस्पां करने

के लिए

वह कपड़ों के नाप सही लेता और कटता है

वह लिबास के हर एक धागों से

लेता है वायदा कि वे नहीं छोड़ेंगे साथ...

लिबास का

एक तरह से उन्हें ताकीद भी करता है

कि धागे टस-से-मस नहीं होंगे

लिबास चाहे जीतनी उम्रदराज हो जाए

चाहे लिबास को कितना भी

पीटा जाय, धुलवाया जाय धोबी-पाट पर

पटका जाय, धागे अपनी जगह कायम रहते हैं

वे पालन करते हैं बखूबी अनुशासन साथ ही

लिबास और दर्जी की मर्यादा भी

तभी कायम रहती है सिलाई

और मकबूल होता है दर्जी अपनी सिलाई के लिए।

———

प्योर दूध की चाय

उनकी बुझी-बुझी सी आँखें

रौशन हो जाती हैं

प्रसन्नता की तरल बूंदों से

ढीली पड़ जाती हैं उनकी झुर्रियाँ

दरअसल आंटी को

बस एक कप

प्योर दूध की चाय ही

सर्व करता हूँ और…

वे भाव विह्वल हुए बिना नहीं रहती

शायद इसी चाहत के अदृश्य धागों

में बंधी मेरे घर आ जाती हैं, आंटी

अलबत्ता उनकी बहू गैस ट्रवल के

बहाने चाय परहेज करवाती हैं

(आंटी को गैस की शिकायत नहीं)

मास्टर बेटे को घर का वजट

गड़बड़ाने का भय सताता है

और अब सिन्हा अंकल तो रहे नहीं

वे होते तो आंटी के डेली रूटीन में

प्योर दूध की चाय भी होती

वजट चाहे जो भी होता।

—⁓—

ओरहन

ओरहन में होती थी शिकायतें

हिदायते और कभी-कभी

चेतावनियाँ भी

ताकि विवाद के अंगारे

ठंडे पड़ जाएँ

पर

ओरहन का मिजाज

कभी भी

इतना गर्म होता ही नहीं था कि

लोग कर बैठें

हिंसक झड़पें

ओरहन था तो

इतनी खूनी घटनाएँ नहीं थीं

ओरहन था

तो कमोबेश था भाईचारा भी शेष

लोगों के जहन में संवेदना की शीतल

धाराएं थीं

ओरहन

युद्ध के पूर्व

एक प्रकार से

संधि निवेदन भी था।

———

एक विधुर का आत्मलाप

यह शाम ए फिराक और मेरी तन्हाई

मेरी यादों को ताजा करती हैं कभी

कभी जूते के तश्में बांधते वक्त तो कभी

बैग में फाइलों को रखने के दरम्यान

और इसी बीच यह नमूदार हो उठती है,

अपनी नसीहतों के साथ

लेलो जी- बस टोस्ट ही लेलो

मरगला से फुर्सत किसी को नहीं मिलती

सेहत की ऐसी लापरवाही ठीक नहीं

कॉफ़ी का एक कप भी तो लेलो

घर से यूँहीं निकलने दूंगी नहीं

चाहे जो कह लो

कभी तो दश्ते-पुर-खार में पता हूँ मैं

बस बिल बिला उठता हूँ वहाँ

कोई स्नेहसिक्त हाथ सिर पर नहीं आता

हाँ, कभी कभी मेरी तन्हाई छोड़ आती हैं

शब-ए-वस्ल के करीब

और सुनने को मिलती है वहाँ बहुत सारी

इत्रबेज बातें फिर तो घंटों गुजर जाते हैं–

फेनिल एहसासों के साथ

उस खास अंतराल में हम वक्त से कुछ ऐसे

बेपरवाह होते हैं कि हमें नदी में जाल फेंकने

की आवाज– "छपाक" ही सुनाई पड़ती है और

कभी कभार ही घोंसले में लौटते पखेरुओं

की आवाज सुनाई पड़ जाती है

हाय... आज यह शाम-ए फिराक

और दिल में खराशें

बेशक मेरी खुशियों की कजा।

———

शेष नहीं कहने को कुछ

सांसों की खुशबू में

घुलने लगती है जब

कोई जहरीली गंध

अनुराधा पौडवाल के

मधुर स्वर का

हो जाता है

बूंटों की धमक से

बलात्कार

डूब जाती है

नारों–चीत्कारों में

कुमार शानू की

सुरीली आवाज

और टंग जाती है

करीना कपूर के कैलेंडर की जगह

कोई पथराई

आँखों की तस्वीर

तब शहर भी शिनाख्त के

काबिल नहीं बचता
और नहीं बचता
शेष कहने को कुछ।

—⁓—